Inhalt

Flurförderzeuge - Mehr als ein Transportmittel

Kernthesen

Beitrag

Fallbeispiele

Weiterführende Literatur

Impressum

Flurförderzeuge - Mehr als ein Transportmittel

I.Zeilhofer-Ficker

Kernthesen

- Moderne Flurförderzeuge haben sich zu wichtigen Schnittstellen zwischen Waren und Datensystemen entwickelt.
- Dabei ist es den Nutzern wichtig, dass die Fahrzeuge ebenso energiesparend sowie ergonomisch durchdacht sind.
- Outsourcing-Pakete haben an Attraktivität gewonnen fast 50 Prozent der Stapler werden bereits gemietet oder geleast und auch die Nachfrage nach Full-Service-Paketen steigt.

Beitrag

Wo produziert wird, müssen Güter transportiert werden. Rohmaterialien und Einzelteile müssen erst eingelagert, dann zur Produktionsanlage gebracht, Halbfertigwaren zur nächsten Maschine transportiert und das fertige Produkt ins Lager oder zum Versand befördert werden. Zum Tragen ist das alles zu schwer Flurförderzeuge helfen, teils mit, teils sogar ohne Bedienungspersonal.

Die Nachfrage nach Intralogistik steigt

Deutsche Hersteller sind Exportweltmeister im Bereich Intralogistik-Erzeugnisse. So konnten im Jahr 2006 Umsätze in Höhe von 15,9 Milliarden Euro in der Branche erzielt werden ein Wachstum zum Vorjahr von über acht Prozent. Vor allem die Auslandsnachfrage boomt und Deutschland bedient nahezu 20 Prozent des gesamten Welthandelsvolumens. Die Fördertechnik ist für fast zwei Drittel des Intralogistik-Umsatzes verantwortlich und auch hier ist der Wachstumstreiber der Export. Die Schwellenländer wie Russland, China und Indien weisen beachtliche Steigerungen auf, aber auch alte Industrienationen wie die USA und Frankreich erhöhten ihre Importe. Für das Jahr 2007 werden weitere Umsatzzuwächse erwartet mindestens um fünf Prozent soll die Branche zulegen. (1)

Flurförderzeuge für jeden Einsatz das richtige Gerät

Flurförderzeuge sind Transportmittel, die meist innerbetrieblich für den Transport von Gütern aller Art eingesetzt werden. Zu den Flurförderzeugen gehören gleisgebundene Flurfördermittel sowie gleislose Flurförderzeuge wie Gabelstapler, Hubwagen und Zugmaschinen, die von Mitarbeitern bedient werden müssen. Daneben gibt es die fahrerlosen Transportfahrzeuge bzw. systeme, die ihren Weg und ihre Aufgabe mittels unterschiedlicher Steuersysteme selbst finden. Orientierten sich die ersten Fahrzeuge noch mit optischen Sensoren an Farbstreifen am Boden, so nutzt man heute Umgebungserkennung per Laser oder Positionsbestimmung durch Transponder. (2), (7)

Gemein ist den Flurförderzeugen, dass sie zum allergrößten Teil auf die speziellen Anforderungen und Aufgaben der verschiedenen Kunden zugeschnitten sind. Enge Gänge, weite Strecken, ein hohes Gewicht, viele Kurvenfahrten, mehrstöckige Regale und so weiter für jedes Umfeld gibt es die passende Lösung. Dabei hilft die Tatsache, dass viele Flurförderzeughersteller das Baukastenprinzip für die Konfiguration ihrer Fahrzeuge nutzen und so Skaleneffekte erzielen.(2)

Neben den Anschaffungskosten achten viele Kunden vermehrt auf die Betriebskosten einer Transportlösung. In Zeiten hoher Energiepreise und beachtlicher Wartungs- und Reparaturkosten spielt die Antriebsart eine erhebliche Rolle. An Geräten mit geringerem Energieverbrauch arbeiten deshalb fast alle Flurförderzeugproduzenten. So sind bereits Fahrzeuge mit Hybridantrieb im Test und auch an Brennstoffzellenfahrzeugen wird gearbeitet. Die Batterien elektrisch betriebener Geräte sollen künftig während des Einsatzes aufgeladen werden können, ein einfacher Austausch der Batterien z. B. bei Schichtwechsel ist selbstverständlich. Aber auch der Energieverbrauch der gängigen Diesel- und Elektromotoren wird optimiert. (3), (4), (5)

Weitere wichtige Aspekte sind Ergonomie und Sicherheit. Sitze können dem Personal angepasst werden, alle Hebel oder Bedienelemente sind mit möglichst wenig Kraftaufwand und ergonomisch optimal bedienbar. Für mehr Sicherheit während des Fahrbetriebes sorgen automatische Bremssysteme, Kippsicherungen und Fahrprogramme. Zusatzfunktionen wie beispielsweise Wiege- und

Dosiervorrichtungen sind zusätzlich erhältlich. (3), (6), (7), (11)

Schnittstelle zwischen Ware und Datensystem

Heute ist es kaum noch vorstellbar, dass man früher erst nach einer Inventur, nach dem tatsächlichen Zählen von Teilen gewusst hat, welche Mengen von welchen Produkten im Lager verfügbar sind. Dank dem allseits gebräuchlichen Strichcode wird (fast) jede Bewegung eines Teils nahezu sofort festgehalten und im Warenwirtschaftssystem entsprechend vermerkt. Dem Fahrer eines Gabelstaplers, dem Lagerarbeiter oder dem Kommissionierer kommt hier die wichtige Aufgabe zu, Produkt-, Arbeitsauftrags- und Abgabepunktdaten einzuscannen und dem Warenwirtschaftssystem so zu melden, wo sich welche Teile oder Lieferungen gerade befinden. Fahrerlose Transportsysteme verfügen dafür über eingebaute Lesegeräte. Viele Flurförderzeuge sind mit EDV-Geräten ausgestattet, die über Farbdisplays und Eingabegeräte per Funk eine Echtzeit-Bestandsführung ermöglichen. (7), (8)

Hoffnung RFID

Künftig soll der gesamte Datenübermittlungsprozess automatisch ablaufen können RFID (Radio-Frequenz-Identifizierung) soll die Intralogistik revolutionieren. Denn auf den Funk-Transpondern lassen sich eine Menge an Informationen speichern, wesentlich mehr, als je in einem Strichcode vorhanden sein könnte. Chargennummern, Lagerplätze, Handlinginformationen und so weiter lassen sich detailliert abspeichern und werden beim Passieren von entsprechenden Lesegeräten automatisch ausgelesen und an das Warenwirtschafts- oder ERP-System übertragen. Durch die Datenkommunikation zwischen Flurförderzeug und kommunikationsfähigen Transportwegen können Arbeitsaufträge und Wegstrecken automatisch optimiert und dokumentiert werden. (3), (9), (10)

Die dadurch mögliche weitergehende Automatisierung lässt Kosteneinsparungen von mindestens 15 Prozent erwarten. Und die Kapazitätsauslastung von Flurförderzeugen sollte wesentlich verbessert werden können. Ausgereift ist die Radiofrequenztechnik aber noch nicht ein metallisches Umfeld führt zu Lese- und Übertragungsstörungen ebenso wie das oft raue Umfeld eines Lagers oder Produktionsbetriebs. Die

Forschungsgruppe IdentProLog widmet sich der Weiterentwicklung und Verbesserung der RFID-Technologie für die Intralogistik. Den Flurförderzeugen als Schnittstelle zwischen Ware und Datensystemen wird damit eine noch wichtigere Schlüsselfunktion übertragen werden. (3), (9), (10)

Fallbeispiele

Toyota steht sowohl im PKW- als auch im Lastentransport für umweltschonende Antriebe. Schon 2005 stellte Toyota einen Brennstoffzellenstapler vor, im Herbst 2006 konnte man den Prototyp eines Hybrid-Gabelstaplers erstmals begutachten. Wann diese Modelle Serienreife erreichen werden ist leider noch nicht absehbar. (5)

Die Firma BT ist auf Lagertechnik für Handel und Logistik spezialisiert. 70 Prozent aller BT-Lagertechnikgeräte sind mit einem mobilen Computer zum Datenaustausch mit Lagerverwaltungssystemen ausgestattet an der RFID-Technologie wird geforscht. Die Reflex-Baureihe ist speziell für geringe Handlingkosten konzipiert worden. (6)

Beim Silikonhersteller Momentive Performance Materials ist ein fahrerloses Transportsystem der Firma Egemin International im Einsatz. Das System erledigt Standardtransportaufgaben und kann selbsttätig auf der Basis der Rezepturinformationen Zutaten wiegen, dosieren und mischen. (7)

Weiterführende Literatur

(1) Aus den VDMA-Gremien
aus FM Fracht + Materialfluß, Heft 6, 2007, S. 8

(2) Blick zurück nach vorne Gabelstapler sind heute vielseitiger als je zuvor
aus Der Betriebsleiter, Heft 07-08/2007, S. 50

(3) Besser stapeln
aus LOGISTIK HEUTE, Heft 1-2/2007, S. 62-63

(4) Allein auf Achse
aus LOGISTIK HEUTE, Heft 1-2/2007, S. 30-31

(5) - FLURFöRDERZEUGE Umweltfreundliche Gabelstapler dank Hybridantrieb
aus MM MaschinenMarkt Nr. 37 vom 10.09.2007 Seite 52

(6) FM-Interview mit Jan Regler und Hartmut Druba von der BT Deutschland GmbH Erfolgreichstes Jahr

in Deutschland
aus FM Fracht + Materialfluß, Heft 3, 2007, S. 24

(7) Multitalent ohne Fahrer
aus LOGISTIK HEUTE, Heft 9/2007, S. 36-37

(8) Mobile Datenerfassung in Produktion und Lager bei BASF Coating AG Online mit dem Rechner kommunizieren
aus FM Fracht + Materialfluß, Heft 8, 2007, S. 52

(9) Der Gabelstapler als Schnittstelle
aus retail technology journal, Heft 3/2007, S. 30-31

(10) Schlüsselelement für die Logistik
aus MM Logistik 03 vom 05.04.2007 Seite 14

(11) Wais, Peter, Ein bisschen mehr geht immer, a3-volt Nr. 01-02/07, 01.02.2007, S. 118
aus MM Logistik 03 vom 05.04.2007 Seite 14

(12) Flurförderzeuge: Anwender fordern verstärkt Komplettlösungen Der Stapler ist nicht genug
aus Industrieanzeiger, Heft 4, 2007, S. 26

(13) Neubauer, Michael, Intralogistik Es geht um Kosten, Wer weiß schon genau, wie viel der Materialfluss im Unternehmen wirklich kostet? Die Effizienz- und Einsparpotenziale sind dennoch bekannt., a3-volt Nr. 06A/07, 28.06.2007, S. 12
aus Industrieanzeiger, Heft 4, 2007, S. 26

(14) FM-Trendumfrage 2007 bei renommierten

Anbietern von Flurförderzeugen Güter und Waren aufgabeln
aus FM Fracht + Materialfluß, Heft 8, 2007, S. 24

Impressum

Flurförderzeuge - Mehr als ein Transportmittel

Bibliografische Information der deutschen Nationalbibliothek

Die Deutsche Nationalbibliothek verzeichnet diese Publikation in der deutschen Nationalbibliografie; detaillierte bibliografische Daten sind im Internet über http://dnb.d-nb.de abrufbar.

ISBN: 978-3-7379-1075-0

© 2015 GBI-Genios Deutsche Wirtschaftsdatenbank GmbH, Freischützstraße 96, 81927 München, www.genios.de

Alle Rechte vorbehalten. Dieses Werk ist einschließlich aller seiner Teile – z.B. Texte, Tabellen und Grafiken - urheberrechtlich geschützt. Jede Verwertung außerhalb der Grenzen des Urheberrechtsgesetzes bedarf der vorherigen Zustimmung des Verlags. Dies gilt insbesondere auch für auszugsweise Nachdrucke, fotomechanische Vervielfältigungen (Fotokopie/Mikroskopie), Übersetzungen, Auswertungen durch Datenbanken oder ähnliche Einrichtungen und die Einspeicherung und Verarbeitung in elektronischen Systemen.